To dearest Sue

To remind you of our splendid stay at Le Manoir du Menac, Bellenec. - to thank you for taking myself - Holly along in the Discovery.

With very very much love,
from, Jose - Holly xxx

June 2nd 1999

Collection dirigée par Valérie TRACQUI

le renard

rôdeur solitaire

texte de Christian HAVARD

photos JACANA

patte à patte

MILAN

Qu'il habite en plaine, à la montagne ou au bord de la mer, maître renard revient rarement de la chasse le ventre vide.

Comment résister devant cet air rusé plein de charme ?

Quel régal ces baies sucrées !

Le jour se lève

La nature a retrouvé ses couleurs d'automne.
Les grandes fougères se teintent de jaune, tandis que les bouleaux laissent s'envoler leurs feuilles orange avec les premiers grands vents.

Dans les sous-bois, l'odeur des champignons se mêle à celle de la terre mouillée. Avec l'aube, commence le concert des oiseaux : merles, rouges-gorges et fauvettes réveillent les derniers dormeurs tandis qu'une chouette regagne son nid.

De retour d'une longue promenade à travers champs, le renard rentre chez lui avec l'aurore.
Pour l'instant, il a choisi comme maison un ancien terrier de blaireau dont l'entrée est dissimulée dans les ronces.
Pour plus de sécurité, il y a aussi deux issues de secours.
C'est l'endroit idéal pour se reposer de ses escapades nocturnes...

Ruses de Sioux

Durant toute la saison, chaque soir, un peu avant la tombée de la nuit, le renard solitaire part à la chasse.

Sans objectif précis, il parcourt son territoire en tous sens, se faufilant dans les buissons et les fourrés sans un bruit.

Parfois il s'arrête pour écouter, les oreilles pointées vers l'avant... Il peut entendre le pas d'une souris à cinquante mètres. Puis il poursuit son chemin. Le museau au ras du sol, il détecte les odeurs qui l'intéressent. Évitant la piste d'un blaireau, il s'arrête sur celle d'un lapin. Mais celui-ci est déjà loin. Bientôt il s'approche d'un étang. Caché par les roseaux, il aperçoit un canard qui barbote.

L'approche commence. Surtout, ne pas se faire repérer : le renard s'allonge dans l'herbe et avance en rampant. Le canard se rapproche du bord, il ne se doute de rien. Encore trois mètres et le renard bondit...

L'odorat et la vue du renard sont excellents.

Un petit bruit ? C'est un campagnol. D'un bond, le renard immobilise sa proie.

Au cours d'une balade dans les rochers, Goupil a trouvé un cadavre de mouette.

Excellent grimpeur, il visite les nids.

Le renard a l'habitude de revenir à son terrier pour dévorer ses proies. Il ne les mange jamais sur place.

Les proies les moins rapides, malades ou âgées, seront plus facilement capturées.

Bon appétit

Le canard n'a rien vu et le renard l'a saisi par une aile avant qu'il ne s'envole. Cette fois, l'habile chasseur a eu de la chance, car le plus souvent il lui faut plusieurs tentatives pour attraper une proie. Heureusement,maître Goupil n'est pas difficile. Son alimentation varie selon l'endroit. Lapins et campagnols sont ses plats préférés, mais il aime aussi les oiseaux, les poussins et les œufs ! Au cours de ses promenades, il croque avec plaisir des insectes ou des baies sucrées. Il peut même pêcher un poisson. Et si aucun animal ne croise son chemin, il se contente d'une charogne ou même... de nos poubelles.

Le renard ne tue pas pour le plaisir ; il capture plus facilement les animaux blessés ou malades, et si la proie est trop grosse pour être mangée tout de suite, il cache les restes avec des herbes et de la terre. Cela lui fera une réserve pour les mauvais jours...

La rencontre

Début janvier, c'est la période des amours. Il est temps pour le mâle solitaire de se trouver une compagne.

Délaissant un peu la chasse, il parcourt parfois quinze kilomètres en une nuit sur son domaine, à la recherche d'une femelle. Celle-ci espère aussi rencontrer le prince charmant et ses traces sont remplies d'odeurs, comme des messages.

D'ordinaire discrets, les renards n'hésitent pas à crier et à aboyer pour signaler leur présence. Mâle et femelle se rapprochent. Leur rencontre sera rapide. Après les habituels signes de reconnaissance, les partenaires se poursuivent puis se câlinent avant l'accouplement.

En cette saison, les traces des renards se croisent beaucoup. Le mâle n'est pas toujours fidèle, et contrairement aux loups dont le couple est uni pour la vie, il suit parfois plusieurs femelles...

Disputes et câlins se succèdent avant l'accouplement.

La femelle va porter ses petits dans son ventre pendant presque deux mois.

Le renard est protégé du froid par son épaisse fourrure d'hiver, et son faible poids lui permet de marcher sans effort dans la neige.

Tout est blanc

Il fait froid. Cette nuit, la neige est tombée.
La campagne est blanche et silencieuse, comme endormie.
Dans un bosquet, la renarde est à l'abri. Elle nettoie et agrandit le terrier qui accueillera bientôt sa nouvelle famille.
Après de longues recherches, elle a choisi de s'installer dans un gîte de lapins car elle creuse rarement elle-même sa maison.

Le mâle, comme toutes les nuits, est parti à la chasse. Les traces des proies sont faciles à repérer dans la neige, mais elles sont peu nombreuses par ce froid.
Les campagnols sont blottis dans leurs galeries souterraines et les lièvres se cachent dans les buissons de ronces.
Seule une perdrix engourdie par le froid se laisse attraper sans réagir.
Ce sera le premier repas pris en commun par les deux brigands...

Propriété privée

C'est bientôt la fin de l'hiver. Le soleil fait une timide apparition. Comme à son habitude, le renard marque régulièrement les limites de son domaine. Ici, tranquillement, il arrose une taupinière de plusieurs gouttes d'urine. Là, il laisse son odeur en se frottant sur les arbres et les pierres le long d'un sentier. Plus loin, il dépose ses crottes sur une souche, à la vue de tout maraudeur éventuel.

Prise de pattes entre deux voisins. Gare aux crocs pointus !

Pour signaler sa présence, le renard dépose ses crottes bien en vue.

En fonction des saisons et du nombre des proies, le territoire du renard change de grandeur ou même de place.

Sur la terre humide ou le sable, l'empreinte du goupil est facile à repérer.

C'est ainsi qu'il prévient les autres que pour l'instant, ici c'est chez lui. Et même si parfois certains territoires se chevauchent, ou sont partagés par plusieurs congénères, gare à l'intrus ! Celui qui arrive, là devant, a une odeur inconnue et le maître des lieux montre les crocs en grognant. Malgré les avertissements, c'est la bagarre. L'insouciant qui s'est trompé de route repart avec quelques coups de dents et une oreille arrachée. Il ne reviendra pas...

Coucou, nous voilà !

Mi-mars, le bois s'est coloré de perce-neige et de jonquilles. La renarde n'a pas quitté sa tanière depuis quatre jours. Dehors, exclu, le futur père profite des premiers rayons du soleil. Enfin, les voilà ! Cinq petits renardeaux sont nés. Ils ressemblent à d'adorables chiots. Leur museau est aplati et leur poil soyeux est presque noir. Ils ne pèsent pas plus qu'un pamplemousse. Aveugles, ils se traînent et saisissent une mamelle pour se gorger de lait. Ce sera leur seule nourriture pendant trois semaines. Leur mère, fatiguée, reste pour l'instant avec eux.

Par le jeu, les renardeaux deviennent chaque jour plus agiles et rapides.

Curieux de tout, le petit renard s'émerveille.

Quinze jours après la naissance, leurs grands yeux s'ouvrent.

Maintenant qu'ils sont grands, la tétée se prend à l'extérieur. Il faut se dépêcher car maman est pressée de repartir à la chasse.

Serrés les uns contre les autres au fond du terrier, les petits attendent le retour de la mère.

Après avoir ravitaillé sa famille pendant quelques jours, le mâle reprend sa vie de solitaire.
Très vite, les petits se tiennent debout et à un mois, c'est la première sortie. Quel grand jour !
Ils se roulent dans l'herbe mouillée, courent après les premiers papillons et mordent tout ce qu'ils trouvent...
La maman doit souvent les rappeler à l'ordre pour qu'ils ne s'éloignent pas trop...

Au moindre cri bref de leur mère, les petits, très craintifs, se précipitent à l'abri.

Dès la cinquième semaine, la mère commence à nourrir ses petits avec de la viande régurgitée.

Attention aux nouvelles découvertes, tout n'est pas bon à manger !

Si on jouait ?

Les renardeaux ont maintenant un mois et demi. Ils commencent à prendre la couleur rousse de leurs parents et leur museau s'est allongé. Ils capturent déjà quelques insectes et mangent de la viande régurgitée : ce sont des grands !

Dehors, sous bonne surveillance, ils se chamaillent et se battent sans arrêt. Ils jouent aussi à se faire peur, à courir les uns après les autres, et surtout à embêter leur mère en lui tirant les oreilles et la queue. Voilà le père qui revient avec des mulots dans la gueule. Tous se précipitent pour croquer ces premières proies entières. Mais attention, la prochaine fois, elles seront vivantes et bientôt il faudra les attraper tout seul. En attendant, les renardeaux ont trouvé un autre régal : dans l'herbe mouillée par la rosée, les vers de terre prennent le frais, ils les avalent par dizaines...

Attention danger

Avec la fin de l'été, les soirées retrouvent un peu de fraîcheur. Les renardeaux ne sont pas encore de grands chasseurs et ratent souvent leurs proies. Mais ils s'éloignent de plus en plus du terrier. Ils veulent tout découvrir et ne sont pas à l'abri des dangers.

La plupart des grands prédateurs ont disparu. L'ours et surtout le loup ne sont plus à craindre, ils ont été presque tous exterminés ; mais il reste l'aigle et le lynx, toujours prêts à profiter d'un renardeau égaré.

Dès le matin, l'aigle tourne là-haut dans le ciel. Il a vu un renardeau qui rentre en retard de sa balade nocturne. Le rapace plonge sur sa proie, sans un bruit... Heureusement, son ombre le trahit, le renard l'a vu et se précipite à l'abri dans les rochers. La vie d'un renardeau est décidément bien périlleuse...

Le lynx n'est plus vraiment un danger pour les renardeaux. Il est devenu si rare !

Fatigué, le petit s'endort au soleil. Il n'a pas conscience du danger.

Le grand danger vient du ciel. L'aigle s'attaque aux petits et aux renards mâles les plus faibles.

Plus il grandit, plus le renardeau s'aventure loin de son terrier. Mais il y revient encore souvent.

Au revoir...

Début octobre est un grand moment dans la vie des renards. Les jeunes qui ont maintenant cinq mois sont complètement autonomes. Ils chassent et se nourrissent seuls.

C'est le moment de la dispersion. Il faut quitter le domaine, devenu trop petit pour toute la famille. Droit devant, sans retour en arrière, les renardeaux se séparent. Les jeunes mâles sont les plus aventureux. Déterminés, ils parcourent jusqu'à quinze kilomètres par nuit pour trouver un territoire où s'établir.
Tout espace libre est alors colonisé, et on peut retrouver un renard à cent kilomètres de son lieu de naissance.
Les jeunes femelles bougent moins. Elles partent souvent à deux ou trois.
Parfois même, elles restent avec leur mère une année supplémentaire avant d'aller elles aussi fonder une famille un soir de janvier, avec... un rôdeur solitaire !

La femelle aura pris soin de ses jeunes jusqu'à ce qu'ils deviennent autonomes.

Aimé et tué

Le renard a toujours été à la fois admiré et détesté. Admiré pour sa beauté, son indépendance et sa ruse, détesté comme voleur de poules et pour son rôle dans la transmission de la rage.

Trop chassé

Le renard est chassé depuis toujours. Considéré comme nuisible, il n'échappe à aucune forme de destruction : le fusil, le poison, le gaz et surtout le piège.
Très prisée en Angleterre où la rage est absente, la chasse à courre du renard fait figure de sport noble et Goupil est bien considéré.
Chez nous, la chasse sportive se retrouve dans le « déterrage » qui consiste, avec l'aide de chiens spécialisés, à capturer les renards dans leur terrier.
On parle ainsi de gestion des populations, gestion confirmée par l'interdiction de piégeage en France, sinon par des personnes assermentées spécialistes de la protection des espaces naturels.

Autrefois on touchait une prime quand on tuait un renard.

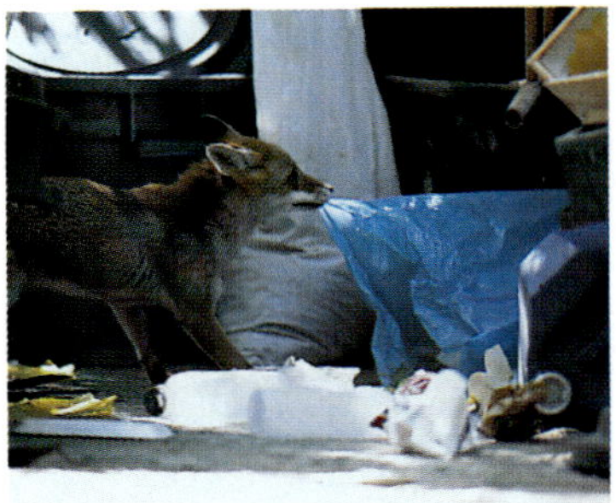

Quelle belle fourrure !

C'est pour la récupérer qu'on a longtemps capturé le renard. Heureusement, aujourd'hui, la mode des manteaux « pure bête » disparaît. Seuls quelques exemplaires nordiques sont capturés dans leur milieu naturel, et les peaux de renards viennent maintenant des fermes d'élevage.

Pendant longtemps, la fourrure des renards, très recherchée, se vendait très cher.

Si l'on garde notre ville propre, le renard restera chez lui, car il ne sera plus tenté par nos poubelles.

Recueilli, il rêve de liberté.

Peur de la rage

De retour en France en 1968, la rage n'a tué personne jusqu'à aujourd'hui ! Et si cette maladie virale touche principalement les renards, elle peut être transmise par tous les animaux à sang chaud, aussi bien sauvages que domestiques. Après avoir été l'argument premier pour la destruction, parfois l'extermination du renard, il semble qu'enfin la démarche s'inverse : on s'attaque désormais à la maladie, plus au renard. Dès 1970, la Suisse expérimente un nouveau vaccin oral. Des capsules vaccinales, cachées dans des boulettes de viande, sont dispersées sur un territoire donné à disposition des renards. En France, on tente des lâchers par hélicoptère. La rage a bien été éliminée de Suisse, pourquoi ne pas essayer de l'enrayer sur le reste de l'Europe ?

Quel avenir ?

De nombreuses études scientifiques montrent combien le renard est indispensable à l'équilibre écologique car il limite les rongeurs. Il n'est pas le destructeur de gibier prétendu, ni le voleur de poules si décrié. Et pour la rage, supprimer les renards ne sert à rien. La prétendue prolifération de ce prédateur n'est en fait qu'une utilisation maximale des territoires disponibles. Le problème est que l'homme habite maintenant presque partout, même chez les renards. Attiré par nos poubelles, celui-ci vient plus souvent en ville où il peut mordre des chiens errants qui ont peut-être déjà la rage.

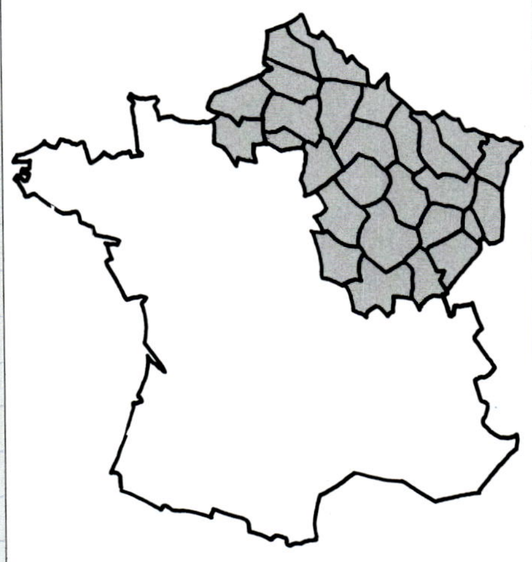

Front de la rage (France 1990)

Les renards en famille

Le renard appartient à la grande famille des canidés. Les plus connus sont bien sûr le chien, mais aussi le loup, le chacal et le coyotte. Chez les renards, on trouve plus de vingt espèces qui peuplent pratiquement la Terre entière, le renard roux ayant la plus vaste aire de répartition de tous les mammifères sauvages terrestres.

▲
Le *loup :* aucun animal n'a été plus persécuté que lui. Pourtant, grâce à une organisation sociale exceptionnelle, on le rencontre encore en liberté dans de nombreux pays.
Si le Canada et la Russie concentrent les plus fortes populations, on peut voir le loup en Italie, en Espagne et au Portugal. Son rôle dans l'équilibre de la nature a enfin été reconnu par la Communauté européenne qui lui a accordé une « protection légale totale » le 17 février 1989.

◀ Le *renard polaire* ou isatis a un magnifique pelage, blanc l'hiver et gris l'été, avec pour certains une robe bleue. Chassé pour sa fourrure, il a failli disparaître mais il est aujourd'hui protégé. Bien adapté aux grands froids de l'Arctique (- 50 °C), il passe la plupart du temps à chercher à se nourrir. Souvent, il suit les ours blancs et les loups polaires pour manger leurs restes.

◀ Le *chien viverrin* est un envahisseur, originaire d'Extrême-Orient. Il est aujourd'hui présent dans toute l'Europe de l'Est et une grande partie de l'Ouest. Certains d'entre eux ont déjà colonisé le territoire français. La plupart de ces conquérants viennent des populations évadées des élevages de la CEI (ancienne URSS) et d'Allemagne de l'Est, où sa fourrure était recherchée. Vivant en couple, le chien viverrin a un régime alimentaire proche de celui du renard, avec toutefois une plus grande consommation de produits végétaux et de fruits. Attention, il ressemble au raton laveur et souvent, c'est le « masque » de ce dernier qui permet de les reconnaître.

Le *fennec*, avec son 1,5 kilo est le plus petit des renards. Il vit dans les déserts d'Afrique et d'Asie occidentale. Parfaitement adapté aux dures conditions climatiques de son milieu, il a un pelage laineux très épais qui le protège des grands écarts de température entre le jour et la nuit. Ses grandes oreilles lui servent surtout à capter le moindre bruissement dans les sables. Ainsi, il attrape les lézards et les insectes dont il se nourrit. Il boit peu, se contentant des gouttes de rosée du matin et de l'eau contenue dans ses proies. ▶

Crédit photographique :
JACANA : J.P. Varin p. 6, p. 10(fond), p. 18(d), p. 19(hg), (bg), p. 23(h), p. 26(md) ; Varin-Visage p. 17(b), p. 21(b) ;
M. Danegger p. 7(h), p. 9(bd), p. 8-9(h), p. 14-15, p. 16, p. 21(h), p. 23(b), p. 24-25 ; D. Watts p. 7(b) ;
T. Walker p. 9(bg), p. 28(bg) ; S. Cordier p. 11(h) ; J.L. Le Moigne p. 11(m) ; J.P. Ferrero p. 11(b) ;
J.S. Krasemann p. 12(h) ; E. Dragesco p. 12-13(fond), p. 18(bg), p. 22(b) ; Mero p. 17(h) ; K. Schneider p. 19(hd) ;
A. Saunier p. 20 ; A. Rainon p. 22(hg) ; Darmangeat p. 28(hd) ; B. Mallet p. 29(h) ; Pya p. 29(b)
S. Cordier 1ère de couverture ; M. Danegger page de titre et 4ème de couverture
BIOS : F. Lahez p.8(b) ; PETER ARNOLD J. S. Krasemann p. 13(h) ; G. Lopez p. 26-27(h) ; F. Vidal p. 26(g)
Christian HAVARD : page 27(bg)

300, rue Léon-Joulin, 31101 Toulouse Cedex 100

Loi 49.956 du 16.07.1949
Dépôt légal : 3e trimestre 1994
ISBN : 2-86726-808-7
Imprimé en Belgique par Casterman S.A. Tournai.